LE SOLDAT MAGICIEN,

OPERA-COMIQUE

EN UN ACTE,

Repréſenté pour la première fois par les Enfants de Mr. FREDERICK, *ſur leur Théâtre à l'Overtoomſche Weg. Le* 11 *Avril* 1761.

Le prix eſt de 12 ſols.

A AMSTERDAM,

Chez JOHANNES BRUYN, Imprimeur.

M. DCC. LXI.

Et ſe vend au Bureau de l'Opera.

ACTEURS.

Mr. ARGANT, *Bourgeois*, Mlle. MOLIN.

Me. ARGANT, *sa Femme*, Mlle. CHARLOTTE FREDERICK.

CRISPIN, *Valet de Mr Argant*, Mlle. CAROLINE FREDERICK.

M. BLONDINEAU, *Procureur.* } Mr. DE LONAY.
UN SODAT. } Mr. DE LONAY.

UN TRAITEUR, Mr. MALTHER.

LE SOLDAT MAGICIEN,

OPERA COMIQUE.

Le Théâtre représente un sallon dans lequel il y a une cheminée en saillie, un buffet à deux battans, une table couverte d'un tapis verd, sur laquelle on joue au Trictrac.

SCENE PREMIERE.

Monsieur & Madame ARGANT, *jouent ensemble au Trictrac.*

Mr. ARGANT.

JE n'y vois déjà plus clair, mettons-nous ici, nous serons mieux.

DUO.

Me. ARGANT.

Quatre & cinq

Mr.

Mr. ARGANT.

Non
Cinq & quatre .... bon
A l'école,
Cela me conſole,
Car je perdois le trou.

Me. ARGANT.

Ah! le vieux fou!

Mr. ARGANT.

Six, quatre....

Me. ARGANT.

Elle eſt pour moi,

Mr. ARGANT.

Tais-toi.

Me. ARGANT.

Quatre & ſix
Font dix.
Cinq & ſix....

Mr. ARGANT.

A bas du bois.

Me. ARGANT.

Que veux-tu dire?

Mr. ARGANT.

Ton coin bourgeois:...

Me. ARGANT.

Ah! quel martyre!

Mr.

Mr. ARGANT.

Tu cafes mal.

Me. ARGANT.

Oh! le brutal!

Mr. ARGANT.

Double deux.
Quel coup heureux!
Je marque & je m'en vas.

Me. ARGANT, *se levant.*

Ah! je refpire.

Mr. ARGANT.

Quoi? tu t'en vas?

Me. ARGANT.

Ne dis-tu pas,
Que tu t'en vas?

Mr. ARGANT.

Allons, recommençons.

Me. ARGANT.

Ton maudit jeu m'ennuye.

Mr. ARGANT.

Jamais tu n'étudie.

Me. ARGANT *vivement.*

Jeu deteftable,
Abominable,

Mr. ARGANT. *Voulant l'interrompre.*

Oui

Oui, c'est le diable
Qui t'inventa,
Et qui dicta — Mais, mais...
Les mots barbares,
Les mots bisarres
De doublets,
De besets, — C'est un diable.
De baudets,
Marjolets;
Ternes, Quarnes, Fichets
Sonnés, Quinnes, Cornets — Morbleu...
Enfilade, Ambezas,
Coins, pleins & Toutabas.
Ton école
Me desole;
Ta bredouille, — Morbleu...
M'embrouille;
Jan qui ne peut m'assomme,
Comme
Jan de rencontre & de trois coups; — C'est le diable.
Et je me perds dans les trous.
Va t'en au diable,
Jeu détestable.
A Dieu, a dieu. — A Dieu, a dieu.

(Madame Argant sort)

SCENE II.

Mr. ARGANT, *seul.*

OUi, va t'en, & fuis-moi pour jamais, méchant lutin.

AIR:

AIR : *Margot sur la brune.*

Quelle pétulance!
O ciel! quelle arrogance!
Quelle petulance!
Ma foi, j'en perds l'esprit.
Helas, que faire!
Cette Mégere,
Dans sa colere,
Fait tant de bruit,
Qu'à me taire elle me réduit.

AIR : *Je sens le souper qui m'attend.*

Cependant écoutez madame,
C'est moi qui mérite le blâme,
Elle est douce comme un mouton.
Quelle douceur! . . . ah! j'en enrage:
Un tel mouton dans un ménage
Est cent fois pire qu'un dragon,

ARIETTE.

O femmes traîtresses,
Vos fausses caresses,
Vos belles paroles,
Trompeuses, frivoles,
Sont comme un trébuchet
Où les plus avisés se trouvent pris tout net.
Un doux sourire
Nous flatte nous attire;
Une mine
Enfantine,
Nous lutine;
Discours poli,

Tendre langage
Sont mis en usage ;
„ Mon cher cœur, mon ami.
„ Petit fils, petit Roi,
„ Regardez-moi !
„ Eh ! quoi ?
„ Vous faites le cruel ;
C'est tout sucre & tout miel.
O femmes traîtresses, &c.

Ne soyons point assez foibles pour plier. La rigueur morbleu, la rigueur est le frein qu'il faut opposer aux caprices du sexe ... Voilà qui est fini, je vais dorénavant m'arranger de façon.. (*il appelle*) Crispin....

CRISPIN, *sans être vû.*

Monsieur.

Mr. ARGANT, *à part.*

Voyons à passer quelque part une soirée moins désagréable.

SCENE III.

Mr. ARGANT, CRISPIN.

Mr. ARGANT.

DOnne-moi ma canne & mon chapeau.

CRISPIN.

Est ce que vous allez sortir ?

Mr.

Mr. ARGANT.

Ma canne & mon chapeau, te dis-je.

(*Crispin ſort.*)

Mr. ARGANT, *continuant de parler.*

Il n'y a pas moyen d'y tenir. (*Crispin apporte ce qu'il demande.*) Fort bien. Ecoute. Où eſt ma femme?

CRISPIN.

Madame? je la croyois avec vous.

Mr. ARGANT.

Avec moi? Elle y eſt le moins qu'elle peut: je ſuis un diable à ſes yeux.

CRISPIN.

Hin! hin! vous le faites aſſez pour que cela ſoit.

Mr. ARGANT.

Que veux-tu dire.

CRISPIN.

AIR: *à Pied comme à cheval.*

Votre Epouſe entre nous,
Merite un ſort plus doux;
Vous lui montrez Monſieur,
Trop de rigueur.
Vous combattez tous ſes deſirs,
Vous lui rognez tous ſes plaiſirs,
Toujours grondant matin & ſoir,
Veut-elle blanc, vous voulez noir,
La pauvre femme fait peine à voir.
Mais craignez ſon deſeſpoir.

Mr. ARGANT.

Qu'entends-tu par-là?

CRISPIN.

Tenez Monfieur.

ARIETTE, Notée, No. 1.

Femme qu'on offenfe,
Songe à la vengeance;
Femme qu'on offenfe,
Songe à la fin.
L'Epoux le plus fin
Veut lutter en vain
Contre fon maudit deftin.
Par fa défiance
Des malheurs qu'il craint tant,
Il preffe le moment.
Galans
Seduifans
Lui content fleurette;
La poulette
D'abord les rejette,
Puis elle y prend goût;
Elle plante là fon hibou,
Et s'en va chanter cocodette,
Tandis qu'il fait feul le coucou.

Mr. ARGANT.

Effectivement, je trouve que tu as raifon, &c..

CRISPIN.

Vous vous fiez fur fa vertu...

Mr. ARGANT.

Non, par la fambleu, je ne m'y fie pas.

CRISPIN.

C'eft ce qui fait....

Mr.

Mr. ARGANT.

C'eſt ce qui fait que j'aurai plus que jamais l'œil ſur ſa conduite. Ecoute, Criſpin....

CRISPIN.

Monſieur

Mr. ARGANT.

J'ai toujours eu de la confiance en toi.

CRISPIN.

Monſieur....

Mr. ARGANT.

Il faut que tu me donnes en cette occaſion des preuves de ton zèle.

CRISPIN.

Monſieur....

Mr. ARGANT.

Je ſçaurai t'en récompenſer.

CRISPIN.

Monſieur...

Mr. ARGANT.

Obſerve toutes les démarches de ma femme, & rends-moi un compte exact de tout ce qui ſe paſſe ici; je ſors, ſonge à ce que je t'ai dit, & ſur tout que ma femme n'en ſçache rien.

CRISPIN, *l'arrêtant.*

Avec votre permiſſion, s'il vous plait; une femme à garder, & puis encore un ſecret: c'eſt bien de l'ouvrage au moins.

Mr. ARGANT.

Hé, bien?

CRIS-

CRISPIN.

Je ne réponds pas de pouvoir y suffire.

Mr. ARGANT.

D'où vient?

CRISPIN.

Il me prendra des démangeaisons de parler.

Mr. ARGANT.

Tiens.... voilà pour les faire passer.

(*Il lui donne une bourse.*)

AIR: *Du gourdin*, Noté, No. 2.

Je puis donc compter sur toi?

CRISPIN.

Vous pouvez compter sur moi.
Je serai pis qu'un cerbere;
Quand je me mets en colere,
La duégne la plus severe
Aux galans sçait moins faire la guerre:
A bon coups de gourdin,
Vous verrez Crispin
Les mener grand train. (*bis.*)

Mr. ARGANT.

Cela suffit. Adieu.... motus.

SCENE IV.

CRISPIN, *ſeul.*

BOn, le voilà parti.

(*Il renverſe la bourſe dans ſon chapeau.*)

ARIETTE.

Quel demon favorable,
L'a rendu ſi traitable?

(*Il compte ſon argent.*)

Un, deux, trois, quatre, cinq & ſix,
Sept, huit, neuf & dix.
Ah! l'honnête homme!
La belle ſomme!
Moi, je n'entends raiſon,
Que de cette façon.

(*Il compte encore.*)

Un deux, trois, quatre, cinq.... Ah! l'honnête homme!
Cinq, ſix, ſept, huit & neuf.... il en ſera tombé,
Ou je me ſuis trompé
Comptons encor toute la ſomme.
Un, deux, trois, quatre, cinq & ſix
Sept, huit, neuf & dix.
Le compte eſt juſte, ah l'honnête homme!
La belle ſomme!
Moi je n'entends raiſon
Que de cette façon.

Mais ne me ſuis-je point trop engagé? au reſte,

reste, il en arrivera ce qu'il pourra, & pourvû que j'y trouve mon compte.... Mais j'entends du bruit... oh! oh! que nous veut cet Alguasil?

SCENE V.

UN SOLDAT, CRISPIN.

LE SOLDAT.

Bon jour, l'ami, serviteur.

CRISPIN.

Que demandez-vous?

LE SOLDAT.

M. Argant.

CRISPIN.

Il est sorti.

LE SOLDAT.

N'importe.

CRISPIN.

J'ai ordre de ne laisser entrer personne.

LE SOLDAT.

Et moi, j'ai ordre de coucher ici.

CRISPIN.

Coucher ici?

LE SOLDAT.

Oui, & voilà mon billet.

CRISPIN.

Un instant donc, je vais avertir Madame.

LE

LE SOLDAT, *l'arrêtant.*

Eſt-elle jolie, Madame?

CRISPIN.

Qu'eſt-ce que cela vous fait?

LE SOLDAT.

Et la ſoubrette eſt-elle cruelle? tu ſçais cela, toi? Hein? Allons, touche-là, je veux que nous faſſions connoiſſance.

CRISPIN.

Volontiers, vous me paroiſſez un bon vivant.

LE SOLDAT.

Tu m'as l'air auſſi d'un bon enfant.

CRISPIN,

Oh! moi, je ne cherche qu'à faire plaiſir à tout le monde.

LE SOLDAT.

C'eſt bien fait.

CRISPIN.

Et ſur tout aux gens de guerre, car je les aime.

LE SOLDAT.

C'eſt preuve de ton bon goût.

CRISPIN.

Oh oui, il n'y a perſonne qui les aime & qui les plaigne plus que moi.

LE SOLDAT.

Les plaindre! pourquoi donc?

CRISPIN.

Ma foi, c'eſt qu'ils ont bien du mal.

LE SOLDAT.

Va, va, le plaiſir paſſe la peine.

A-

ARIETTE.

Pour un Soldat
Qui veut avec éclat,
Signaler ſon courage;
Le tapage,
Le carnage,
Ont des appas.
Tranquille au milieu des combats,
Malgré la bombe
Qui tombe,
Et ſe briſe en éclats!
Les grenades,
Petarades,
Carabines,
Coulevrines,
Bayonettes,
Eſcopettes;
Hallebarde & mousquetton,
Rien ne l'inquiette;
Comme au ſon d'une muſette,
Il danſe au bruit du canon
Patapon, pon.

SCENE VI.

LE SOLDAT, CRISPIN, Me. ARGANT.

Me. ARGANT.

QUe fait-ici ce ſoldat ?

CRISPIN.

Il vient loger.

Me. ARGANT.

Où donc eſt mon mari ?

CRISPIN.

Il eſt ſorti.

Me. ARGANT.

Mais je ne reçois perſonne en ſon abſence.

LE SOLDAT.

Ne craignez rien Madame, vous n'aurez pas lieu de vous plaindre de moi.

Me. ARGANT.

Je le crois

LE SOLDAT.

Ce n'eſt que pour une nuit, nous ne faiſons pas ſéjour en cette ville.

Me. ARGANT.

En ce cas là, Criſpin, mêne-le dans la chambre ici-deſſus.

LE SOLDAT, *à Crispin.*

Dis-moi donc, y a-t'il loin de là à la cuisine?

CRISPIN.

Pourquoi ?

LE SOLDAT.

C'est que nous y aurions fait une pause.

CRISPIN.

Ah ma foi, mon ami, je suis bien faché, mais il n'y a rien.

LE SOLDAT.

Je puis donc m'aller coucher quand je voudrai, je ne mourrai pas d'indigestion.

(Ils sortent.)

SCENE VII.

Me. ARGANT, *seule.*

MOn mari est sorti, quel bonheur! en voilà sans doute pour jusqu'à trois heures du matin. Ah! tant mieux, sa présence n'est pas assez agréable pour se faire désirer.... Voilà donc à quoi se réduit le mariage, & le prix qui nous revient du sacrifice de notre liberté.

ARIETTE.

Tous les vœux d'une fillette
Ont l'hymen pour premier objet,
Ardemment elle souhaite

Les

Les plaisirs qu'elle s'y promet,
La pauvrette, la pauvrette,
Ne sçait guéres ce qu'elle fait.
Elle en réve, s'inquiette,
De ces discours c'est le sujet.
La pauvrette, ah! la pauvrette,
Ne sçait gueres ce qu'elle fait.
Du jour du mariage
Commence son tourment,
Dans l'époux qui l'engage
Elle trouve un tyran.
Un jaloux surveillant,
Qui sans cesse l'obséde,
La contredit, l'excéde;
Elle s'en plaint envain:
A Son triste destin,
Il n'est plus de reméde.
Tous les vœux d'une fillette
Ont l'hymen pour premier objet,
La pauvrette, ah! la pauvrette,
Ne sçait pas ce qu'elle fait.

SCENE VIII.

Me. ARGANT, CRISPIN.

Me. ARGANT.

QU'as-tu fait de ce soldat?

CRISPIN.

Je l'ai niché là-haut, dans le galetas.

Me. ARGANT.

Mr. Argant viendra-t-il ſouper?

CRISPIN.

Je n'en ſçais rien.

Me. ARGANT.

T'a-t-il dit où il alloit?

CRISPIN.

Non.

Me. ARGANT.

T'a-t-il parlé de moi?

CRISPIN.

Oui.

Me. ARGANT.

Que t'a-t-il dit?

CRISPIN.

Il m'a dit.... il m'a dit, ce qu'il a voulu.

Me. ARGANT.

Paroit-il ſe repentir de la façon dont il me traite?

CRISPIN.

J'ai voulu lui parler là deſſus, mais il m'a prouvé ſi clairement qu'il avoit raiſon, que je n'ai pu m'empêcher d'en convenir.

Me. ARGANT.

Qu'eſt-ce à dire?

CRISPIN.

Oui, & en conſéquence, nous avons pris certains arrangemens.

Me.

Me. ARGANT.

Tu te moques, je pense.

CRISPIN.

Non vraiment, il m'a donné ordre de lui rendre compte de toutes vos démarches.

Me. ARGANT.

Mais tu n'en feras, rien.

CRISPIN.

Ne craignez rien.

AIR : *Sur le pont d'Avignon.*

J'ai flatté ses désirs, mais d'un zèle sincere,

Vous me verrez toujours attentif à vous plaire.

Je crois l'appercevoir cet honnête procureur de votre connoissance.

Me. ARGANT.

Mr. Blondineau, c'est lui-même: il m'a demandé permission de venir ici, pour me faire part de quelques affaires,

CRISPIN.

De quelques affaires.... fort bien, fort bien.

SCENE IX.

BLONDINEAU, Me. ARGANT, CRISPIN.

BLONDINEAU.

MAdame, je viens remplir les clauſes obligatoires de notre derniere entrevuë. . . . vous ne vous inſcrirez pas en faux contre mon zèle.

Me. ARGANT.

Vous êtes de parole, Mr. Blondineau.

CRISPIN.

Cela n'eſt pas peu de choſe, pour un procureur.

Me. ARGANT.

Hé bien, Monſieur, qu'avez-vous à me dire?

BLONDINEAU.

Les points de fait que j'ai à vous communiquer, demanderoient. . . . Ne pourrois-je vous entretenir clandeſtinement.

CRISPIN.

Clandeſtinement! Qu'eſt-ce à dire?

Me. ARGANT.

Vous pouvez parler librement, Monſieur.

CRISPIN.

Oui j'ai l'honneur d'être le confident de Madame.

BLON-

BLONDINEAU.

Vous ſavez le vif intérêt que je prends à ce qui vous regarde.

Me. ARGANT.

Je vous remercie.

BLONDINEAU.

Je vois avec douleur l'état malheureux où vous réduit votre mari.... Pardonnez.

Me. ARGANT.

Ah! Monſieur....

BLONDINEAU.

Votre ſituation me touche à un point....

CRISPIN.

Un procureur compatiſſant!

BLONDINEAU.

Je crains de devenir indiſcret.

Me. ARGANT.

Ah! Monſieur, c'eſt pis que jamais.

ARIETTE.

Non, je ne puis dire
L'excès de mon martire,
Je paſſe les jours à languir,
Et les nuits à gémir.
Un rien excite ſa colere
C'eſt chaque jour nouveau tracas.
Quan je lui parle, il me fait taire;
Quand je me tais, autres debats.

Il eſt jaloux, il eſt avare,
Hargneux, fâcheux, brutal, bizarre;
Enfin en lui ſont réunis
Les défauts de tous les maris.
Non, je ne puis dire &c.

BLONDINEAU.

Que vous méritez peu de ſi injuſtes traitemens! ah! Madame... Il me reſte enfin à vous expliquer.... mais le tems....

Me. ARGANT.

Avez-vous quelques affaires qui vous preſſent, ſoupez ici.

CRISPIN, *la tirant par la robe.*

Avec quoi s'il vous plait?

Me. ARGANT.

Vois, trouve nous quelque choſe.

CRISPIN.

Attendez, je vais chez un Traiteur de mes amis.

Me. ARGANT.

Oui.

BLONDINEAU, *donnant ſecrétement de l'argent à Criſpin.*

Tiens, fais les choſes comme il faut, & ne t'inquiette pas.

Me. ARGANT.

Que faites-vous donc là?

BLONDINEAU.

Rien, Madame, rien.

(*Criſpin ſort.*)

SCE-

SCENE. X.

BLONDINEAU, Me. ARGANT.

BLONDINEAU.

En verité, Madame, plus je réfléchis ſur la nature de votre engagement, plus je vois qu'il eſt des moyens de vous affranchir du joug.

Me. ARGANT.

Comment cela?

BLONDINEAU.

Les loix vous en offrent deux. Le premier ſeroit une belle & bonne ſéparation de corps & de bien....

Me. ARGANT.

Une ſéparation! quel expédient me propoſez-vous là? Vous deraiſonnez Mr. Blondineau.

BLONDINEAU.

Non, Madame, non il vaut donc mieux aller au fait tout d'un coup, attaquer le mal dans ſa ſource, & quand même l'affaire ſouffriroit quelques difficultés, je ne ſuis pas procureur pour rien, je les leverai moi, je les leverai, je vous en reponds.

Me. ARGANT.

Eh! quel eſt votre but?

BLONDINEAU.

De vous faire contracter un mariage mieux assorti.

Laissez seulement agir mon zèle.

Me. ARGANT.

Vous le poussez trop loin.

BLONDINEAU.

Ah! si vous conoissiez celui pour qui je vous fais instance, peut-être changeriez-vous de sentiment.

Me. ARGANT.

Songez donc à l'éclat que cela feroit dans le monde, je me verrois timpanisé.

BLONDINEAU.

Si toutes les femmes pensoient comme vous, les pauvres Procureurs mourroient de faim. Je n'ai cependant pas l'ame interessée; non Madame, je ne vous demande pour toute reconnoissance qu'une petite place dans votre cœur.

Me. ARGANT.

Cela est trop galant.

BLONDINEAU.

ARIETTE.

Sur ma requette à votre tour,
Daignez faire droit en ce jour;
Pour vous je meurs je meurs d'amour;
Mon secret
M'échappe à regret;
Mais, Madame,

L'a-

L'amour dont mon ame
Suit la loi
Eſt plus fort que moi.
Secondez l'eſpoir qui m'anime,
De mes feux ſans me faire une crime,
Dites pour m'en donner le prix,
Soit fait ainſi qu'il eſt requis.

Me. ARGANT.

Et moi, je dis néant.

BLONDINEAU.

Mal jugé, j'en appelle.

Me. ARGANT.

A quel tribunal?

BLONDINEAU.

A mon amour.

Me. ARGANT.

Allez, votre amour eſt fou, je l'interdis.

BLONDINEAU, *lui prenant la main.*

Il s'en relevera.

Me. ARGANT.

Moderez-vous donc.

BLONDINEAU.

Cette main eſt ma priſonniere.

Me. ARGANT.

Lâchez-moi, ſi quelqu'un venoit....

BLONDINEAU.

Que me donnerez-vous pour ſon élargiſſement?

Me.

Me. ARGANT.

Ahi, vous m'impatientez.

BLONDINEAU.

Un petit baiſer.

Me. ARGANT.

Ah quel extravagant!

BLONDINEAU.

Là... par proviſion, en attendant jugement définitif.

DUO, *Parodie.*

Me. ARGANT.

Ah finiſſez de grace,
Mais, mais, Monſieur, ah!
Finiſſez de grace

Qui moi?
C'eſt badinage.

Hé bien! tant pis pour vous.
Mais mais enverité
Monſieur s'amuſe.

A Vous
Mais, mais en verité
Etes-vous ſage?
Et non, non, non
Songez-vous
Qu'un époux
Toujours m'engage?
Ah! c'eſt l'uſage.

BLONDINEAU.

Pardonnez mon audace
Que craignez vous,
Recevez mon hommage.
Vengez vous d'un jaloux,
Il n'eſt rien de ſi doux.
Oui vous,
Et non, non, non.
C'eſt tout de bon.
Votre rare beauté
Fait mon excuſe.
Je ſuis de bonne foi,
Rendez mon ſort heureux
en vous donnant à moi.
A Moi.
De votre liberté
Faites uſage.
J'ai toute ma raiſon.

Il vous outrage.

Me. ARGANT.

Taiſez vous, j'apperçois Criſpin; je ſerois fâché qu'il fut témoin de vos folies.

SCE-

SCENE XI.

BLONDINEAU, Me. ARGANT.
CRISPIN, *un Traiteur & son garçon.*

CRISPIN.

VOilà le souper prêt, quand vous voudrez on servira.

Me. ARGANT.

Quand tu voudras toi-même.

CRISPIN, *aux Traiteurs.*

En ce cas là. Tout à l'heure. Allons vivans, approchez cette table, & aidez moi.

Me. ARGANT.

Qu'est-ce que tu nous as commandé?

CRISPIN.

Rien, j'ai pris ce que j'ai trouvé.

Me. ARGANT.

Il y paroit.

LE TRAITEUR.

Madame, j'espere que vous serez contente.

BLONDINEAU.

C'est bien c'est bien.

CRISPIN, *aux Traiteurs.*

Allons, decampez, que je ferme la porte.

SCE-

SCENE XII.

Me. ARGANT, BLONDINEAU, CRISPIN.

Me. ARGANT.

AIR : *M'amie Babichon.*

MONSIEUR sans façon,
Placez-vous donc.

BLONDINEAU.

Non.
Aprez vous.

Me. ARGANT.

Non

BLONDINEAU.

De grace
Je sçais mon devoir,
Je ne puis m'asseoir
Si vous n'étes en place.

Me. ARGANT, *s'asseyant.*

Puisque vous ce voulez absolument.

BLONDINEAU, *se mettant à table.*

AIR : *Vous qui donnez de l'amour.*

Au plaisir que je ressens
Rien n'est comparable ;
Qu'avec vous à table
Je passe de doux momens !

Ce jour favorable
Charme tous mes ſens.

Me. ARGANT.

Quittez ce ton doucereux.

BLONDINEAU.

Cachez-moi donc vos beaux yeux,
Ces yeux où je puiſe tant de feux.
Ah quel plaiſir je reſſens
Près de vous à table....

(*Mr. Argant frappe en dehors.*)

CRISPIN,

Chut, je crois qu'on a frappé!

Me. ARGANT.

Ecoutons.

CRISPIN.

C'eſt ici, attendez, je vais voir ce que c'eſt.

Me. ARGANT.

Oh! je m'en doute bien.

BLONDINEAU.

Quel contre-temps!

TRIO.

CRISPIN,	BLONDINEAU,	Me. ARGANT,
revenant.		
Ahi, ahi tout eſt perdu.	Que dis-tu?	Que dis-tu?
	Votre mari!	Mon mari.
C'eſt votre mari.	Je ſuis trahi.	
à Me. Argant.		
Faut-il ouvrir	Où fuir? Au cabinet?	Non non

Il vous tueroit. Il me tueroit S'il vous trouvoit
Il vous tueroit,
Ah je suis mort! Ah je suis mort! Il frappe encor
Plus fort.

BLONDINEAU.
Que devenir?

Me. ARGANT.
Crispin.

CRISPIN.
Madame.

Me. ARGANT.
Monsieur.

BLONDINEAU.
Juste ciel!

CRISPIN.
Attendez..... Chut....

BLONDINEAU.
Hé bien!

CRISPIN.
Il me vient...

Me. ARGANT.
Vîte mon cher....

BLONDINEAU.
Si tu pouvois.....

CRISPIN.
Fort bien.... M'y voilà, (*à Me. Argant*) Ouvrez vîte ce buffet.... Vous Monsieur, prenez ces plats, ces assiettes....

BLON-

BLONDINEAU.

Que veux-tu que j'en faſſe?

CRISPIN.

Dépéchons; ſerrez, ſerrez au plutôt.

BLONDINEAU.

Où.

CRISPIN.

Dans ce buffet.

BLONDINEAU.

Et moi?

Me. ARGANT.

Et Monſieur.

CRISPIN.

Vous.... dans la cheminée.

BLONDINEAU.

Mais....

CRISPIN.

Mais, ne craignez-vous pas de vous noircir?

Me. ARGANT.

Hé Monſieur!....

CRISPIN.

Allons, ne faut-il pas pour cela faire une conſultation?

BLONDINEAU.

Il entre dans la cheminée.

Ah! je me réſous à tout.

CRISPIN.

Ne remuez pas..... Vous Madame; prenez ce livre.

Me. ARGANT.

Que lui répondre? Oh le jaloux! que je ſuis malheureuſe!

(Elle ſe remet ſur une chaiſe auprès de la table un livre à la main.)

SCENE. XIII.

Mr. ARGANT, Me. ARGANT, CRISPIN.

Mr. ARGANT.

ARIETTE.

HE bien faquin,
Juſqu'à demain
Voulois-tu me laiſſer dans la rue
Faire le pié de grüe?
Voyez s'il me répond;
Dis-donc, bourreau, dis donc?
Il ne dit mot
Le Maître ſot.
Et vous Madame,
Vous trouviez du plaiſir
A me faire languir,
Oh! la bonne ame!
Pourquoi ne pas m'ouvrir?

Il

Ils gardent le ſilence;
Oh la maudite engeance!
Jamais
Ni femmes, ni valets
Ne vous laiſſent en paix.
(*à Criſpin.*)
Parleras-tu enfin?

CRISPIN.

C'eſt que....

Me. ARGANT.

C'eſt que....

Mr. ARGANT.

C'eſt que, c'eſt que....

CRISPIN.

Nous ne vous avions pas entendu.... Je ne trouvois pas la clé.... La précipitation.... pour....

Mr. ARGANT.

Ta, ta, ta, voilà de belles excuſes.

CRISPIN.

D'ailleurs nous étions dans la méditation de certain chapître.

Mr. ARGANT.

Hein?

CRISPIN.

Oui.... Monſieur, regardez plutôt, nous en étions au *Jan de retour.* (*)

(*) *Terme de Trictrac.*

Me. ARGANT.

Oui mon cher ami.

Mr. ARGANT.

Hun! .... & mon ſouper?

Me. ARGANT.

Vous n'aviez pas dit que vous reviendriez.

Mr. ARGANT.

Qu'eſt ce que cela fait?

Me. ARGANT.

Nous ne vous attendions pas.

CRISPIN.

Oui, Madame & moi, nous avons mangé chacun notre pomme cuite. (*à part.*) Le voilà bien puni de ſes ſoupçons.

Mr. ARGANT, (*à part à Criſpin*)

Ecoute, n'eſt-il venu perſonne ici?

CRISPIN.

Non, Monſeigneur, ſi ce n'eſt un ſoldat qui eſt venu loger par étape.

Mr. ARGANT.

Qu'eſt ce que c'eſt que ce ſoldat?

CRISPIN.

Ce ſoldat, c'eſt un ſoldat.

SCE-

SCENE XIV.

Mr. & Me. ARGANT, CRISPIN, LE SOLDAT.

LE SOLDAT.

VOtre serviteur, mon cher hôte.

Mr. ARGANT.

C'est donc là lui ?

LE SOLDAT.

Je vous demande pardon, si je vous importune, mais ce n'est pas ma faute.

Mr. ARGANT.

Oh, Monsieur, il n'y a pas de quoi.

LE SOLDAT.

Voici l'ordre qui me procure l'honneur de vous faire la révérence.

Mr. ARGANT, *lit le billet.*

C'est à merveille, vous a-t on donné une chambre?

LE SOLDAT.

Oui Monsieur.

Mr. ARGANT.

Hé bien! Allez-vous coucher. Bon soir.

LE SOLDAT.

J'y ai déjà été, mais il y a une chose qui m'empêche de dormir.

Mr. ARGANT.

Qu'eſt-ce que c'eſt!

LE SOLDAT.

C'eſt que je n'ai pas ſoupé.

Mr. ARGANT.

Le grand malheur! il faut bien que je me couche ſans ſouper, moi.

LE SOLDAT.

C'eſt ce que je ne ſouffrirai pas & pour reconnoitre la grace que vous me faites, il faut que je vous donne un plat de ma façon.

Mr. ARGANT.

Vous voulez plaiſanter, je crois.

LE SOLDAT.

Non vraiment, je ne plaiſante point. Tel que vous me voyez, écoutez que je vous dise, (*à demie voix*) j'ai l'honneur d'être un peu ſorcier.

Mr. ARGANT.

Un peu ſorcier!

LE SOLDAT.

Je ne dis pas cela à tout le monde, mais vos belles façons m'ont gagné le cœur, & je veux abſolument vous donner à ſouper.

Mr. ARGANT.

A moi?

LE SOLDAT.

A vous, à Madame, & nous nous réjouïrons.

Mr.

Mr. ARGANT.

Où le prendrez-vous?

LE SOLDAT.

Ici, vous allez voir.

AIR: *Du précepteur d'amour.*

Cherchons le point de l'Orient.

(Il trace un cercle avec son sabre.)

Sur-tout que personne n'avance.

(Il se met au milieu du cercle & dit avec emphase.)

Gaddem, Trink Meinber, Hircoglan.

Mr. ARGANT.

Est-ce fait?

LE SOLDAT, *d'une voix rude.*

Gardez le silence.

RECITATIF.

O vous qui présidez aux repas des gourmands,
Maîtres d'hôtel, officiers, intendans,
Dont le nombre en enfer, ainsi que dans ce monde abonde.
Démons soumis à mes loix,
Accourez à ma voix,
Quittez un moment la cuisine,
De proserpine,
Pour assouvir la faim canine
D'un honnête bourgeois.
Dans ce buffet que l'on trouve à l'instant
Un aloyau succulent
Deux lapins de garenne,
Un paté de perdrix,

Un gigot en hachis,
Et d'ortolans une douzaine;
joignez ſix bouteilles de vin
Du Bourgogne le plus fin:
Pour le deſſert vin de Champagne
Et d'Eſpagne,
En eſt-ce aſſez,
(*Les autres répondant oui par ſigne.*)
C'en eſt aſſez
Démons, obeïſſez.

ARIETTE.

Ouvrez. ouvrez
Et par l'effet vous jugerez,
Si ma parole
Eſt frivole,
Rien ne balance
Ma puiſſance.
Ouvrez, ouvrez,
Par l'effet vous en jugerez.

CRISPIN.

Je n'oſe pas.

Me. ARGANT.

Ni moi.

Mr. ARGANT, *tremblant.*

Ah! je n'oſe pas non-plus.

LE SOLDAT, *à Criſpin.*

Vas-donc.

CRISPIN.

J'ai trop peur.

LE SOLDAT.

Tout cela va se réfroidir.

Me. ARGANT.

Je ne sçais que penser.

CRISPIN, *au soldat.*

Ouvrez vous-même.

LE SOLDAT, *ouvrant le buffet.*

Voilà bien des façons. Tenez.

Mr. ARGANT.

AIR : *Du preccpteur d'amour.*

O ciel!

Me. ARGANT.

Je tombe de mon haut.

Mr. ARGANT.

Qu'est-ce que cela signifie?

LE SOLDAT.

Mangeons pendant qu'il est chaud.

Me. ARGANT, *à part.*

Ceci passe la raillerie.

LE SOLDAT.

Ne perdons point de tems, croyez moi.

AIR : *Vite à Catin un verre.*

Çà mettons nous à table.
Et buvons à longs traits.

CRISPIN, *à Me. Argant.*

Il a commerce avec le diable
Ou le drole sçait nos secrets.

LE SOLDAT, *à Me. Argant.*

Air: *Tous vos apprets.*

Ne craignez rien,
Mon deſſein
N'eſt point de vous faire du chagrin.
Allons, Criſpin,
Vîte en train,
Car je meurs de faim.
Attends, je vais t'aider.

Criſpin & le Soldat couvrent la table.

Mr. ARGANT, *à ſa femme.*

Il faut ſe garder
De toucher ces mets.

LE SOLDAT.

Le vin eſt-il frais?

à Mr. & à Me. Argant.

Venez, s'il vous plait,
Tout eſt prêt.

Hé! bien, vous n'oſez-pas! il faut donc que je vous montre l'exemple.

Il ſe met à table.

Me. ARGANT, *ſe plaçant.*

Le courage me revient un peu.

Mr. ARGANT, *voulant la retenir.*

O Dieu! eſt-il poſſible? ma femme.

LE SOLDAT.

Votre femme, votre femme: elle n'en mourra pas, ni vous non plus: faites comme elle.

Me.

Me. ARGANT, *se plaçant.*

Soit, mais je ne mangerai pas.

QUATUOR.

LE SOLDAT.	Mr. ARGANT.
Decoupez donc.	Comment peut-on.
Goutez de ce Mouton	Non, non, non non *à Crispin.*
Mangez donc.	Tiens, mange donc glouton.
Point de façon.	Je n'ai pas faim.
Goutons toujours le vin.	
Verse, l'ami Crispin.	
Mangez de ce Lapin	Je n'ai pas faim.
Un peu de ce Paté.	
	Comment pouvez-vous
	Manger des ragouts
	D'une cuisine infernale ;
Buvons à la santé	
De celui qui nous régale.	
Pour moi j'avale	
Jusqu'à demain.	Je n'ai plus faim.
Me. ARGANT,	**CRISPIN.**
Oh! le poltron!	Cela sent bon.
Oh! le poltron!	Cela sent bon, Fort bon, très bon.
Mangeons ...	
Goutons le vin.	Oui dà, tout plein.
Un morceau d'aloyau.	
Buvons à la santé	Buvons à la santé
De celui qui nous régale	De celui qui nous régale,
Mangez donc.	Pour moi j'avale
Le tour est fin	Jusqu'à demain.

LE SOLDAT.

Avouez qu'il fait bon avoir des amis par tout: vous n'auriez pas si bien soupé, si le diable ne s'en fût mêlé.

Mr. ARGANT.

Quoi! serieusement c'est le diable?

LE SOLDAT.

Vous en doutez encore, je parie que Madame a plus de confiance que vous.

Me. ARGANT.

Ah! ne me parlez pas de cela, vous me faites des peurs terribles.

LE SOLDAT.

Oh! ce diable-là n'est pas méchant. Si vous sçaviez l'amitié qu'il a pour Madame. . . . & pour vous, vous en seriez étonné.

Me. ARGANT.

Je l'en remercie, je l'en remercie.

LE SOLDAT.

Il me prend envie de vous le faire voir.

Me. ARGANT, *vivement.*

Ah! n'en faites rien.

LE SOLDAT.

Quoi! vous ne seriez pas bien aise de voir celui qui vous a si bien régalé!

CRISPIN, *à part.*

Pour le coup ce seroit bien le diable.

Me.

Me. ARGANT.

Et non, non je vous prie.

Mr. ARGANT.

Monſieur le magicien, epargnez-moi cette vuë.

LE SOLDAT, *ſe levant.*

C'eſt une choſe indiſpenſable, ce qu'il a fait pour nous mérite bien un remercîment.

Me. ARGANT, *à Criſpin.*

Criſpin, je ſuis trahie.

CRISPIN,

Maudit ſoldat!

LE SOLDAT.

Ouvrez ſeulement toutes les portes, il s'en ira tranquillement: ſur-tout que rien ne l'arrête, ou je ne réponds pas des ſuites.

CRISPIN, *ouvrant les portes.*

Oh! s'il ne tient qu'à ça!

LE SOLDAT.

Sous quelle forme voulez-vous qu'il paroiſſe?

Mr. ARGANT.

Eh! je ne veux pas le voir.

Me. ARGANT.

Je ne veux pas le voir.

LE SOLDAT.

RECITATIF.

Inviſible lutin, qui tapi dans un coin,
De tout ce qui ſe paſſe, es ici le témoin;
Pour la derniere fois écoute,

Se-

Seconde à propos mon deſſein,
Ou redoute
Mon pouvoir ſouverain.
Tu vois bien, qu'en ces lieux tu n'as plus rien à faire;
Mais pour ne point cauſer de peur
A Madame ainſi qu'à Monſieur,
Prends la forme d'un procureur,
Elle ne t'eſt point étrangere;
Sors, les chemins te ſont ouverts,
Sors, & retourne aux enfers.

(Le Procureur ſort de la cheminée où il étoit caché, & s'enfuit.)

Mr. ARGANT, *Epouvanté, ſe jette dans un fauteuil.*

AIR: *Des trembleurs.*

Je l'ai vu, mon ſang ſe glace,
Comme il faiſoit la grimace!
Criſpin.... Monſieur .... ah! de grace,
Mes amis, ſecourez-moi.

LE SOLDAT, *à Me. Argant.*

Etes-vous au fait, maintenant.

Me. ARGANT.

Oui, je commence à comprendre.

Mr. ARGANT.

Suite de l'air.

Chere femme!....

Mr.

Me. ARGANT, *affectant la plus grande frayeur, se jette aussi dans une fauteuil.*

Ah ! je me pâme.

CRISPIN.

Là voilà. la bonne dame
N'en peut plus.

Mr. ARGANT.

Ma chere femme !

Me. ARGANT.

Mon mari, je meurs d'effroi.

Mr. ARGANT, *toujours assis.*

AIR : *des échos Italiens.*

As-tu remarqué sa forme ?

Me. ARGANT.

Sa forme ?

Mr. ARGANT.

As-tu vu sa tête énorme ?

Me. ARGANT.

Enorme !

Mr. ARGANT.

De ses yeux,
Sortoient des feux.

Me. ARGANT.

Des feux !

LES AUTRES *riant.*

Des feux !

Mr.

Mr. ARGANT.

Quel aspect funeste!

TOUS TROIS.

Peste! peste!

Mr. ARGANT.

Ah! je suis mort

Me. ARGANT.

Quoi

Mr. ARGANT.

Je crois
Le voir encor.

Me. ARGANT, *criant.*

Encor.

Les autres riant.

Encor.

LE SOLDAT.

Ne craignez rien, il est sorti, pour ne plus revenir.

SCENE X.V

Les mêmes, LE TRAITEUR.

CRISPIN, *voyant entrer le Traiteur.*

EH! non, non, le voilà.

Mr. ARGANT.

Qui? quoi? qu'est-ce?

CRIS-

CRISPIN, *à part.*

Quel embarras! (*à Me. Argant.*) Le Traiteur....

Me. ARGANT.

Est-ce que tu ne l'as pas payé?

CRISPIN.

Jarni, je l'ai oublié.

LE TRAITEUR, *à Mr. Argant.*

Monsieur.....

LE SOLDAT, *à part.*

Je ne m'attendois pas à cela.

Mr. ARGANT.

Que voulez-vous?

LE TRAITEUR.

Je viens sçavoir si vous êtes content.

Mr. ARGANT.

De quoi?

LE TRAITEUR.

De votre souper.

Mr. ARGANT.

Qu'est-ce que cela veut dire?

LE TRAITEUR.

Cela veut dire que je viens voir si vous êtes content de votre souper, & que je vous en apporte le mémoire.

Mr. ARGANT. *au ſoldat.*

Mr. le magicien ? . . .

LE SOLDAT, *embarraſſé.*

J'entends bien. . . . le mémoire. . . . (*à part.*) Me voilà pris.

Mr. ARGANT.

Vous diſiez que c'étoit le diable.

LE SOLDAT.

Sans doute. . . . En voilà bien la preuve.

CRISPIN, *à part*

Oh ! ſurement, le diable ne me feroit pas plus de peur.

Me. ARGANT, *au ſoldat.*

Comment ſortir de ce pas ?

LE SOLDAT *à Mr. Argant.*

Je vous ai fait donner à ſouper, mais je ne vous ai pas dit qu'il ne vous en couteroit rien.

LE TRAITEUR.

Cela ne feroit pas juſte. Monſieur, voici les articles.

Mr. ARGANT, *reculant.*

Ne m'approchez pas.

LE TRAITEUR.

Hé-bien, je vais vous les lire.

QUIN-

QUINQUE.

LE TRAITEUR.	Mr. ARGANT.
Plus, pour un aloyau de huit livres, dix francs.	
Plus pour deux lapins de garenne, quatre livres dix sols.	Quelle chienne d'antienne?
Plus pour douze Ortolans, dix huit livres.	C'est trop!...
Item. Un paté de perdrix.	
Fourniture & façon marché fait, un Louis.	Un paté d'un Louis!
Plus, un gigot, six francs.	
Cent sols pour le dessert.	C'est trop cher:
Monsieur, c'est tout en conscience.	Homme ou diable, en un mot, c'est trop cher de moitié.
C'est tout en conscience.	Vous vous moquez, je pense. Les diables en ont-ils?
Cessons ce badinage. J'ai, pour vous bien servir, employé tous mes soins. Payez moi mon mémoire, ou je ferai tapage.	Non ma foi, non ma foi
Payez moi. (*bis*) sans en rabatre un sou.	Je ne suis pas si fou.

CRISPIN & Me. ARGANT,	LE SOLDAT.
Monsieur le Magicien, Tirez nous donc d'affaire.	Ma foi, je n'y puis rien. Je ne sçais comment faire.

Cherchez quelque moyen	
(CRISPIN.)	
Oui, c'eſt une pitié.	
(Criſpin)	
Les traiteurs encor moins.	
Payez le, croyez moi.	Payez le, croyez moi.
Il vous tordra le cou.	Il vous tordra le cou.

Mr. ARGANT.

Voilà bien des raiſons ; Criſpin, mets cet homme-là dehors.

CRISPIN.

Mais, ſi c'eſt un démon.

Mr. ARGANT.

Bon ! bon ! je ne donne pas là-dedans.

CRISPIN.

Attendez, attendez, nous le verrons bien. (*bas aux autres.*) Tirons nous de-là comme nous pourrons.

LE TRAITEUR.

C'a ne convient pas, entendez-vous Monſieur ?

CRISPIN, *fierement.*

Veux-tu t'en aller.

LE

LE TRAITEUR.

Non. Je veux de l'argent.

CRISPIN.

Veux tu t'en aller, te dis je,
Ahi, ahi je ſuis brulé.

(Il fait ſemblant d'être brulé en touchant le Traiteur.)

LE TRAITEUR.

Tout le monde eſt fou dans cette maiſon.

CRISPIN.

Ma foi, Monſieur, le plus court eſt de le payer.

Mr. ARGANT.

Le Scélérat!

LE TRAITEUR.

N'eſt-ce pas un honte de retenir le ſalaire des pauvres gens comme nous, qui ſommes continuellement dans le feu?

Me. ARGANT.

Vous l'entendez!

LE SOLDAT.

Je vous le diſois bien que c'étoit un démon.

Mr. ARGANT.

Hé! bien que faut-il faire?

LE SOLDAT.

Donnez-lui ce qu'il demande, il s'en ira.

Mr. ARGANT.

Je m'en vais chercher de l'argent.

LE TRAITEUR.

Faut-il vous ſuivre?

Mr. ARGANT.

Non, non..... Monſieur, retenez-le, je vous en prie.

LE SOLDAT, *au Traiteur.*

Si tu bouges d'ici.

LE TRAITEUR.

Non, Monſieur, non.

CRISPIN, *à Mr. Argant.*

Voyez-vous comme le magicien lui en impoſe.

(*Mr. Argant ſort.*)

LE SOLDAT, *à Criſpin.*

Ah! çà, crainte de nouvel accident;
Paye cet homme-là & renvoye-le.

CRISPIN.

Le payer, avec quoi?

LE SOLDAT.

Eh! avec l'argent que tu as reçu du Procureur.

Me. ARGANT.

Comment, petit drôle!

CRISPIN, *à part.*

Pour le coup, je crois qu'il eſt ſorcier tout de bon.

il paye le Traiteur.

LE TRAITEUR.

Adieu...· ah, ah, ah....

SCENE XVI.

Mr. & Me. ARGANT, CRISPIN. LE SOLDAT.

LE SOLDAT.

HE! bien, Madame, êtes-vous contente?

Me. ARGANT.

Aſſurément; mais par quel hazard êtiez-vous ſi bien inſtruit?

LE

LE SOLDAT.

J'ai tout vu de la chambre où vous m'avez ....

Me. ARGANT.

De là haut !

LE SOLDAT.

Oui, par cet endroit où le plafond eſt endommagé.

CRISPIN.

Ah ! c'eſt vrai, je l'avois dejà remarqué.

Mr. ARGANT, *revenant avec de l'argent, ne voyant plus le Traiteur.*

Tenez, voilà votre argent .... où eſt-il donc?

LE SOLDAT.

Par le pouvoir de mon art, je l'ai fait ſortir comme il étoit entré.

Mr. ARGANT.

Ah! Monſieur, vous ne ſcauriez croire le ſervice que vous venez de me rendre..... Mais puiſque vous avez tant de pouvoir ſur les Démons, pourriez-vous en réduire un qui me fait enrager continuellement.

LE

LE SOLDAT.

Qui ?

Mr. ARGANT.

Ma femme.

Me. ARGANT.

Je ne vous demande rien pour mon mari ; car je défie tout votre pouvoir d'en faire un homme aimable.

LE SOLDAT.

La chofe eft poffible de part & d'autre.

AIR : *Au bord d'un clair ruiffeau.*

Elle dépend de vous.
Or, voici ma recette.

(*à la Femme.*)

Vous, foyez moins coquette,
Il fera moins jaloux.

(*au mari.*)

Vous, quand vous ferez moins,
Trifte, chiche & fevere,
Votre époufe à vous plaire
Employera tous fes foins.

Me. ARGANT, *bas au foldat.*

Si vous n'êtes pas forcier, vous êtes du moins

de bon conſeil, & (*haut*) de tout mon cœur, je ſuivrai vos avis.

Mr. ARGANT.

Et moi de même, je vous en réponds.

LE SOLDAT.

Amniſtie générale des deux côtés. Embraſſez-vous, & ne ſongeons qu'à nous réjouir.

QUATUOR.

TOUS.

Dans { notre / votre } ménage
déſormais,
{ Faiſons / Faites } regner la paix.

CRISPIN.

Nous allons vivre en paix.

LE SOLDAT.

En mari ſage
Pretez-vous à ſes goûts,
En femme ſage
Prevenez votre époux.

Mr. & Me. ARGANT Enſemble } Oui, oui, je le promets.

TOUS.

TOUS.

Dans { votre / notre } ménage
Desormais
{ Faisons / Faites } Regner la paix.

CRISPIN.

Nous allons vivre en paix.

FIN.

NB. Toutes les pièces originales comme les Enfants du Sieur Frederick les jouent, ne se trouvent à vendre ailleurs qu'au Bureau de l'Opera, de même que le premier volume du *Nouveau Théâtre, des Enfants du Sieur Frederick*, contenant les quatre pièces nouvellement debutés avec beaucoup de succès & d'applaudissements. On promet d'en donner dans peu le second volume.

www.ingramcontent.com/pod-product-compliance
Ingram Content Group UK Ltd.
Pitfield, Milton Keynes, MK11 3LW, UK
UKHW031955260826
14628UKWH00005B/2080

9 782329 431888